H. L FOLLIN

L'IDOLATRIE

POLITIQUE

Quelques

REFLEXIONS ET APHORISMES

pour aider à méditer

sur

LA FAILLITE DE LA CIVILISATION

AU XX SIECLE

PRIX 2 fr

EDITE
PAR

L'INDIVIDUALISTE EUROPEEN

IMPRIMERIE S BOURÉLY

10 Rue Thiers 10

AIX-EN-PROVENCE

MCMXVI

H. L. FOLLIN

L'IDOLATRIE POLITIQUE

Quelques
REFLEXIONS ET APHORISMES
pour aider à méditer
sur
LA FAILLITE DE LA CIVILISATION
AU XX° SIÈCLE

Prix : **2** Fr.

ÉDITÉ
PAR
L'INDIVIDUALISTE EUROPÉEN
IMPRIMERIE S. BOURÉLY
10, Rue Thiers, 10
AIX-EN-PROVENCE
MCHXVI

L'IDOLATRIE POLITIQUE

PRÉFACE

Au moment où il reprenait le pouvoir,
M. Aristide Briand a reçu, d'un de ses anciens
camarades, la lettre qu'on va lire. Nous ne
saurions donner aux réflexions contenues dans
ce petit volume de meilleur exergue .

Mon cher Briand,

Je salue ton avènement à cette heure tragique.

*A défaut du magicien inconnu et inespéré qui
pourrait sauver définitivement la civilisation, des
politiques de bon équilibre et d'esprit lucide, comme
toi, peuvent enrayer sa faillite.*

Mais voici le danger : prendre des formules claires pour des idées nettes.

Le droit pour chaque pays de cultiver sa propre civilisation, c'est parfait. Mais si tous s'en font une idée en contradiction avec la civilisation commune ?

Tu as recueilli dans ton ministère le représentant le plus éminent et le plus candide de cette idée absurde : les nations considérées comme des entreprises concurrentes de prospérité et de grandeur collectives. *Médite ceci : le militarisme de Guillaume n'est que la logique brutale, mais fatale, des conceptions de l'honnête M. Méline et de la phraséologie nationale.*

La paix par la victoire, d'abord, oui !

Mais ensuite ? Une seule alternative :

Ou bien la paix par l'élévation de l'esprit humain au-dessus des esprits nationaux — par le libre échange — par l'organisation internationale de la sécurité collective et individuelle et sa main-mise sur tous les moyens de destruction — par le silence imposé à toutes les mégalomanies secondaires dont nous marchandons tour à tour le concours contre la mégalomanie principale des Allemands — par la pendaison de quiconque en Europe osera soutenir des idées d'antagonisme entre les nations,

Ou bien la guerre recommençant à perpétuité, ou

plutôt jusqu'au naufrage commun dans la barbarie.

Qu'un homme à poigne impose cette conception aux gouvernements alliés, et que tous les peuples belligérants, affamés d'une sécurité fondée sur de grands principes nouveaux, le sachent, tel est le seul moyen d'écraser dans le présent le militarisme allemand, et dans l'avenir tous les militarismes prêts à renaître des cendres de celui-là.

Décembre 1915.
H.-L. F.

I

« C'est une honte, Monsieur, de voir ça
« à notre époque » !

Ainsi dit, la voix sourde, le regard perdu
dans un abîme de détresse et de vaillance,
le premier soldat, paysan réserviste arrivant
blessé du front, à qui j'ai parlé de la guerre.

Ainsi juge, sans plus, du fond du cœur,
d'un bout à l'autre du monde, la masse des
braves gens : ceux qui sentent et qui souf-
frent, résignés à l'artificiel et sublime devoir
créé par l'inconcevable ignominie, sans
déclamer ni se griser des déclamations
d'autrui.

Tel est aussi le jugement décisif qui domi-
nera dans l'avenir le flot des vaines paroles
actuelles, et que le philosophe traduira :
la faillite de la civilisation au XXᵉ siècle.

*
*   *

Entourer la guerre d'idées chevaleresques, rendre hommage à l'adversaire de sa constance à défendre une cause mauvaise, respecter les vaincus qui se rendent, soigner avec dévouement des gens que l'on vient de chercher à tuer, sont les illogismes traditionnels qui rendaient moins odieux, sinon moins stupide, le militarisme. Ils se sont atténués dans cette guerre formidable.

A la sauvagerie de la lutte, s'ajoute d'autre part la violence du langage contre l'adversaire. Chacun parle d'exterminer le peuple ennemi, sans aucune considération pour les individus qui le composent. On dirait que l'humanité, condamnée par l'idolâtrie politique à la régression, s'en venge en piétinant tous les progrès que la civilisation avait fait réaliser aux relations internationales.

*
*   *

. . . .
Les passages remplacés par des lignes de points ont été supprimés par la Censure.

. . . .
. . . .
. . . .
. . . .
. . . .
. . . .
. . . .

*
*   *

La seule manière digne, et sans doute la
plus efficace, de faire la guerre, comme d'accomplir toutes les tâches inférieures que
l'imperfection de sa nature impose encore à
l'humanité, c'est de la faire sans en parler.
Tous ceux qui ne sont pas absorbés dans
l'une quelconque des tâches de l'action
devraient se taire, si ce n'est pour préparer
l'œuvre de paix, dont l'heure inévitable suivra celle qui fatalement devra sonner le
repos pour nos frères en armes.

*
*   *

. . . .
. . . .
. . . .
. . . .
. . . .
. . . .
. . . .

*
* *

Les gens qui ont reçu la culture la plus
raffinée, qui vivent au milieu des perfection-
nements les plus merveilleux de la vie
moderne, mais qui considèrent comme une
utopie l'abolition définitive de la guerre, ne
sont pas encore sortis de la barbarie.

Les militaristes et les nationalistes sont
des fous. Ce sont parfois des fous généreux
et sympathiques. Mais que dire des politi-
ciens, des littérateurs et des publicistes qui
se prétendent attachés à la paix tout en
combattant le pacifisme ?

*
* *

Je me demande comment ces sages ponti-
fes, dédaigneux des « utopistes » qui vou-
draient mettre la pratique d'accord avec des
aspirations reconnues universelles, concilient
leur opinion que la guerre est un malheur
inéluctable dans la vie des peuples, avec
leur indignation contre Guillaume II qui l'a
déchainée.

Si les peuples européens doivent fatalement s'entredéchirer et passer leur temps à

s'y préparer, une fois chaque demi-siècle ne parait pas excessif. Il serait au contraire plus logique de ne laisser aucune génération échapper à son tour de se battre.

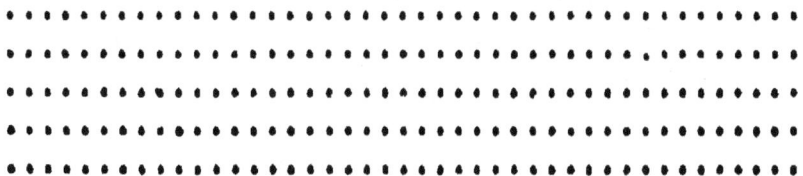

*
* *

. . . .
. . . .
. . . .

*
* *

Si les auteurs d'appels au brigandage national, tels que Bernhardi et ses disciples, avaient été, à la demande commune de tous les Etats civilisés, poursuivis et fusillés comme de simples Ferrer, quelles belles occasions de copie manqueraient aujourd'hui nos Bourget et nos Barrès !

*
* *

Quel anarchiste à jamais fait courir au monde de plus effroyables dangers que les auteurs, à quelque pays qu'ils appartiennent, des pamphlets injurieux et menaçants pour le patriotisme d'autrui, qu'on a vu s'étaler aux vitrines de librairie de toutes les capitales ?

II

La faillite de la civilisation n'est pas encore la faillite de l'humanité. On ne doit
pas désespérer de celle-ci tant qu'il restera
en elle un indice non purement verbal de
ses plus hautes aspirations.

C'est pourquoi il faut accepter virilement
les nécessités de la guerre et subordonner
dans le présent tous les efforts matériels à
la victoire des belligérants les moins inaptes
à reprendre l'œuvre avortée des siècles. Mais
ceci ne signifie pas que l'œuvre présente
du soldat puisse être féconde sans le secours
du philosophe, qui seul vit aussi dans le
passé et dans l'avenir.

* *
*

On considère en général la civilisation comme l'ensemble des conquêtes faites par l'homme sur lui-même et sur la nature pour élargir sa vie matérielle, intellectuelle et morale. Il n'y a là cependant que la matière de la civilisation.

* * *

La civilisation consiste essentiellement dans un état des rapports de l'homme avec ses semblables, qui puisse permettre à tous les individus d'épanouir leurs facultés et de jouir des biens mis par le sort à leur disposition.

* * *

La civilisation se mesure uniquement au degré de sécurité de la vie individuelle. Le dernier paysan illettré, qui ne demande qu'à labourer et à récolter en paix, sait cela mieux que maint littérateur ou maint historien dissertant sur les conquêtes de l'humanité et sur les destinées des nations.

* * *

La faillite actuelle de la civilisation ne laisse aux hommes vraiment civilisés qu'une raison de vivre : l'espoir que leurs enfants pourront la voir renaitre de ses cendres.

*

Ce qu'il y a de plus admirable dans l'abnégation de nos combattants, c'est la conviction des plus conscients d'entre eux qu'ils se sacrifient pour éviter à jamais le retour de semblables horreurs. L'homme d'Etat, qui n'aurait pas toute son âme et tout son esprit tendus vers le même but, serait envers eux le dernier des criminels.

*

Nous nous abandonnerions peut-être un peu moins à la basse littérature anti-boche, si nous réfléchissions sur ce que, dans les rangs ennemis, des milliers de créatures humaines, trompées par leurs gouvernants, tombent avec la même conviction de servir la paix future de leurs foyers.

*

Ceux qui, devant la faillite de la civilisation, pensent avoir assez fait pour la réhabiliter en jetant l'anathème à la nation la plus coupable de sa ruine et en jurant la propre ruine de cette nation, sont de bien piètres civilisés. Ils oublient que cette attitude est, de bonne comme de mauvaise foi, trop facile à imiter par ceux envers qui on l'adopte, et que jamais l'on n'établira la solidarité future des peuples dans la vérité, si l'on n'avoue pas leur solidarité passée dans l'erreur, à quelque degré commune à tous,

*
* *

Il ne faut pas croire que, pour admettre la possibilité de la civilisation totale, on doive imaginer l'homme meilleur qu'il n'est. L'homme n'est par définition ni un bon, ni un méchant animal. C'est un animal, qui veut vivre, tout simplement.

*
* *

Un égoïsme irréductible a toujours été et sera toujours l'essentiel mobile humain. Et même lorsqu'il se sacrifie, l'homme vise à

exalter sa personnalité dans l'esprit de la
postérité ou dans un monde de l'au-delà.
La civilisation consiste à faire que ce légi-
time égoïsme humain trouve de plus en plus
son compte, sans qu'aucun sacrifice soit
nécessaire, aux pratiques de la sociabilité
universelle.

*
* *

Pour savoir que les instincts inférieurs
d'une quantité d'individus sont contenus uniquement par les nécessités de la sociabilité, il
suffit à chacun de nous, à quelque pays et à
quelque catégorie sociale qu'il appartienne,
de jeter les yeux autour de soi.

Il n'est pas besoin non plus d'être en état
de guerre pour connaître la férocité et l'in-
justice des foules irresponsables.

Cela seul, sans qu'il soit besoin d'imaginer
chez nos ennemis, surtout lorsqu'ils ont as-
sumé le rôle d'agresseurs et d'envahisseurs,
des dispositions ethniques ou nationales,
suffit à expliquer les pires atrocités de la
guerre.

*
* *

. . . .
. . . .
. . . .
. . . .
. . . .
. . . .

* *
*

Il y a une lueur de vérité dans l'infâme
théorie des chefs militaires allemands, qu'il
est humain de rendre la guerre aussi atroce
que possible afin de l'abréger. Leur erreur
est psychologique ; ils jugent tous les hommes d'après le type passif répandu dans
leur nation, et oublient que la haine de l'op-
presseur a des effets plus durables que la
crainte. Mais, en logique, ils ont raison :
l'aberration est moins grande, dès qu'on
admet le rôle nécessaire de la violence dans
les rapports humains, d'en prévoir les pires
conséquences, que de penser pouvoir com-
poser avec elle.

* *
* *

. . . .
. . . .
. . . .

. . . .
. . . .
. . . .
. . . .
. . . .
. . . .
. . . .

*
* *

La guerre, il est vrai, révèle subitement chez l'homme de stupéfiantes et admirables possibilités d'audace, de courage, de patience, de sang-froid, d'endurance, de renoncement.

Ce n'est pas une raison pour en faire crédit à la guerre. Concentrer dans un court espace de temps, sur une œuvre de destruction, toutes les forces qui, au cours des années, se dépensaient peu à peu au service de la civilisation, c'est un des plus grands crimes de l'idolâtrie politique.

III

Jusqu'au jour même où ils déchainaient
la catastrophe, les gouvernants allemands
avaient pu croire que l'Angleterre, le premier pays civilisé du monde, assisterait
impassible à l'incendie volontaire de l'Europe continentale. Il est à peu près avéré
qu'ils n'eussent pas osé faire jaillir l'étin-
celle s'ils avaient été certains qu'il dût en
être autrement. Il est certain qu'ils ne l'eussent pas fait si l'Angleterre eut été à la tête
d'une organisation mondiale pour la défense
de la paix.

Quelle plus formidable faillite de la diplomatie? Quelle plus éclatante constatation,
pour la postérité, de l'insuffisance des gouvernants des peuples pacifiques?

* *

En quelques semaines, sur le théâtre
le plus important de la conflagration européenne, la prévoyance stratégique et tacti-
que de quarante-quatre années de paix a
abouti à des massacres sans nom, a permis
l'invasion et la dévastation des pays les
plus riches et les plus laborieux. Depuis
quinze mois, une frontière artificielle impro-
visée, défendue par un peuple en armes
avec des pertes relativement supportables
en dehors des offensives, se montre inexpu-
gnable.

Quelle plus formidable faillite du militarisme ? Quelle plus éclatante constatation,
pour la postérité, de l'insuffisance des tech-
niciens chargés de préparer la *défense* des
peuples pacifiques ?

* *

Les gouvernants et les militaires qui n'ont
pas su organiser et assurer la sécurité du
monde civilisé méritent-ils pour cela la
réprobation ? Nullement. Ils ont fait sans
doute ce qu'ils ont pu. Il ne leur a manqué

qu'une chose : être dirigés par une ou quelques volontés, par une ou quelques intelligences adéquates à la formidable tâche politique du siècle. Ils n'ont eu aucune conscience de l'étendue de cette tâche, telle est la simple vérité.

*
* *

Il n'y aurait d'hommes directement responsables de la faillite de la civilisation, que s'ils avaient pris la place d'autres hommes capables d'assurer son salut, s'ils avaient chassé du pouvoir quelque Turgot. *Le monde se meurt d'insuffisance et d'irresponsabilité politiques.*

*
* *

Ce qui est à la honte de l'humanité, c'est qu'elle n'ait pas trouvé de chefs. Quand le XVIIIme siècle a produit les hommes de 89, quand le XIXme a produit un Cobden et un Herbert Spencer, il est inconcevable que l'homme de génie ne se soit jamais levé, qui aurait tenté de ramener la fonction politique à ses justes proportions et d'abolir le **culte des idoles.**

*
*   *

‹ Si vis pacem, para bellum ».
Tous les gouvernants ont préparé la
guerre. Ce n'est pas à la paix qu'ils ont
abouti. Encore une faillite, celle de la sottise sentencieuse.

*
*   *

Les anti-pacifistes impénitents, qui veulent bien pardonner aux pacifistes leur
« erreurs passées » en faveur des preuves
de patriotisme que ceux-ci ont données,
s'en vont soupirant sur « l'insuffisance de
notre préparation. » Ils ne réfléchissent pas
un instant qu'une préparation plus grande
n'eût fait que hâter le moment où l'Allemagne eût voulu tenter la chance des armes
avant qu'il ne fût trop tard.

*
*   *

*Ce n'est pas la préparation militaire, mais
l'entente pour la renonciation aux entreprises nationales de colonisation militaire, qui*

eût le mieux contribué à garantir l'Europe.

*
*   *

Tous les gouvernements ont armé les nations les unes contre les autres sous prétexte qu'elles se menaçaient. Mais ces menaces ne sont jamais venues que des cultes nationaux entretenus par les gouverments et leurs coryphées.

*
*   *

Préparer la *défense* est tout autre chose que préparer la *guerre*. C'est une besogne purement matérielle, à laquelle les discours bellicistes et les attitudes nationalistes, même et surtout lorsque celles-ci et celles-là se dissimulent derrière une onctueuse sagesse à prétentions pacifiques et défensives, n'ont jamais pu apporter aucun soutien.

*
*   *

Les diplomates qui peinent sur la rédaction des livres de toutes couleurs, accumu-

lent les subtilités pour rejeter les uns sur
les autres la responsabilité des hostilités.

Aucun n'a encore découvert cette vérité
qui frapperait un enfant : un *ultimatum*
adressé en pleine paix par une nation à une
autre plus faible est une forme d'agression
aussi évidente qu'une violation de frontière.

*　＊　*

*Si les gouvernants des nations dites paci-
fiques avaient voulu la paix avec la même
énergie et la même détermination qu'ils
accusent avec raison les gouvernants des
nations dites de proie d'avoir voulu la domination, le monde entier formerait depuis
longtemps un bloc défensif contre la possibilité des violations de frontière et des
ultimata*

IV

Une guerre dans laquelle on combat, non la guerre elle-même, mais des ennemis; dans laquelle les peuples vainqueurs veulent simplement *écraser les peuples vaincus, et non tarir les sources de l'esprit belliqueux,* sera toujours une guerre à recommencer tôt ou tard. Le belliciste est un joueur qui ne renonce jamais à sa revanche. Le bellicisme est un fléau, sans patrie particulière, qu'on n'abolira que par l'organisation pacifique.

* *

L'orgueil national, le mépris des autres nations, poussés jusqu'à la démence, comme on les voit se manifester chez les publicistes allemands plus ou moins soumis au contrôle de leur Eglise politique, sont sans nul doute davantage encore des attitudes que des convictions. Un régime d'ordre international, qui les punirait impitoyablement comme attentatoires à la paix du monde, les verrait promptement s'évanouir.

*
* *

. . . .
. . . .
. . . .
. . . .
. . . .
. . . .
. . . .

*
* *

Pourquoi haïr Guillaume II et ses acolytes ? Il est utile que leur folie soit châtiée, car les folies malfaisantes ne peuvent se développer que dans des milieux complaisants. Mais ils n'en sont pas absolument responsables. Elle est le produit inéluctable de leur formation et de leur médiocrité.

*
* *

Même s'ils sont dépourvus de toute sensibilité directe, et leur conscience fût-elle
réduite au minimum de perceptions humani-
taires que leur imposent les réflexes de la vie
civilisée, on ne peut imaginer que les
hommes responsables de la destinée des
peuples restent insensibles à l'idée qu'ils
eussent pu éviter la mort, la douleur et la
ruine de millions de leurs semblables. Où
puiseraient-ils la force de résister à cette
pensée, comment ne se précipiteraient-ils
pas les uns vers les autres en se frappant la
poitrine, dans un impérieux besoin commun
de réparation, s'ils ne trouvaient dans l'idolâtrie politique des excuses à leur orgueil et
à leur incapacité ?

* * *

Les Alliés, qui affirment lutter uniquement
ment pour la paix du monde dans l'avenir,
accepteront-ils de traiter avec les chefs ennemis, même vaincus, qui ont fondé leurs
espoirs sur la guerre ? Alors quelle duperie
que de maudire ceux-ci, et quelle duperie
plus grande encore de penser qu'une victoire
militaire, qui suivra l'épuisement des vain-

cus, mais pour aussi longtemps celui des vainqueurs, pourra préserver le monde de la renaissance du militarisme !

*
* *

Une paix laissant au pouvoir ceux qui ont infligé au monde le fléau de la guerre sera pour la civilisation pacifique une défaite aussi grande que le serait la défaite de ses défenseurs. Que des millions d'hommes soient massacrés, et qu'aux yeux de ceux qui restent on laisse une ombre de prestige aux auteurs directement responsables, c'est le meilleur moyen de perpétuer la néfaste croyance au caractère inéluctable des massacres internationaux.

*
* *

Il faut haïr la guerre d'autant plus qu'on s'accoutume fatalement à vivre avec elle. Il semblait que le cataclysme dût passer comme un ouragan dévastant le monde ; plus les peuples semblent le supporter, usant toutes leurs forces de résistance au mal dans le conflit des cultes nationaux, moins la civilisation conserve de chances de s'en relever.

*
* *

Lorsque la guerre éclata, tout homme imprégné de l'esprit de civilisation, non illuminé par le fanatisme cultuel, éprouva, par dessus tout, une indicible humiliation dans son instinct de l'espèce. Son accablement fut au paroxysme lorsqu'il apprit les premiers deuils, qu'il vit l'image des premières ruines, lorsqu'arrivèrent dans les lieux épargnés par la tourmente les premiers blessés et les premiers réfugiés. Aujourd'hui, ne pouvant se tuer et ne voulant pas renoncer, malgré ses appréhenssions pour l'avenir, à sa croyance au devoir envers les générations qui viennent, il vit sa vie presque normale au milieu des horreurs et des infâmies, dans un demi engourdissement de sa sensibilité d'homme civilisé.

Dans cette désagrégation progressive de la conscience supérieure au contact des forces primitives déchaînées, il voit le symptôme du sort réservé à la civilisation, si l'abolition de l'idolâtrie ne vient pas la sauver.

V

*L'idolâtrie politique consiste en ceci :
par une déformation de l'idée de patrie, qui
est une noble idée purement morale, l'on a
subordonné toute la vie des peuples, c'est-à-
dire des générations successives d'individus,
seule réalité, au culte de l'entité politique
appelée* nation.

*
*   *

Ce n'est peut-être pas en Allemagne que
l'idolâtrie politique, que le culte national
opposé au respect de l'humanité, ont trouvé
leur formule la plus cynique. L' « égoïsme
sacré », appliqué à la politique des nations
solidaires dans la sauvegarde de la civilisa-

tion, est, de la part d'un chef de Gouvernement, une revendication à peine moins
hardie que celle du droit à considérer des
traités comme des chiffons de papier.

*
* *

L'hypocrisie est un hommage du vice à la
vertu ; les prétentions pacifiques de tous les
gouvernements sont un hommage des cultes
nationaux au pacifisme. La vertu règne par-
tout où elle est assez forte pour rendre le
vice impuissant. La guerre aurait vécu si le
pacifisme était assez fort pour détruire l'idolâtrie politique.

*
* *

Axiome inepte du culte national : la guerre
est éternelle, parce que l'homme est un être
belliqueux.

La police et la justice intérieures, pour
imparfaites qu'elles soient, suffisent à re-
fréner presque complètement les tendances
agressives de l'homme au sein de groupements infiniment plus vastes aujourd'hui
qu'autrefois. Le grand problème de la civilisation consiste tout simplement à abolir

l'idolâtrie politique, qui s'oppose seule **au** développement de ce *processus*.

*
* *

Le patriotisme est tout aussi compatible avec l'agnosticisme au culte national, que l'amour de la famille ou du pays natal est compatible avec l'absence de l'esprit de clocher ou de l'esprit d'intrigue familial.

*
* *

L'idolâtrie politique se manifeste surtout le fait d'ériger les nations en Puissances.

*
* *

La puissance politique, dans un monde civilisé, ne saurait être un but en soi ; elle doit rester uniquement un moyen de résistance aux éléments dissolvants de la civilisation.

*
* *

Déifier les collectivités nationales qui détiennent la puissance politique, en leur conférant le droit souverain d'en user à leur convenance, c'est détourner cette puissance de son but.

La notion de *souveraineté*, qu'il s'agisse d'une autocratie ou d'une démocratie, doit, dans une civilisation dégagée d'idolâtrie, disparaître du vocabulaire politique.

* *

Seuls, hormis quelques philosophes, les socialistes ont entrevu l'existence de l'idolâtrie politique, mais partiellement seulement, et pour substituer, au culte pur de la nation, le culte de la classe et de l'Etat dans la nation.

* *

Le culte national consiste essentiellement à ériger en réalité la fiction d'intérêts nationaux, moraux ou matériels, auxquels on imagine que certains intérêts individuels des membres de la membres de la nation, et ces membres eux-mêmes, peuvent être utilement sacrifiés.

* *

Il n'existe pas d'intérêts nationaux, mais uniquement des intérêts individuels généraux qui sont identiques pour les citoyens de toutes les nations. Ces intérêts se résument dans la liberté de penser, de croire, d'admirer. de parler, de circuler, de produire, de consommer, d'échanger, de sympathiser, d'adapter ses facultés et sa manière de vivre aux circonstances de milieu et aux ressources fournies par le sort à chacun.

*
* *

La grande erreur du culte national, comme de tout culte fondé sur l'esprit particulariste, est de confondre l'intérêt *commun* avec l'intérêt *collectif*.

*
* *

Les intérêts communs des hommes sont très peu nombreux et très simples. Ils sont la seule réalité durable, identique à elle-même quelles que soient l'origine et la situation sociale d'un nombre quelconque d'individus pris au hasard dans l'humanité. Les intérêts collectifs sont des contingences

infiniment variables, passagères et contra-
dictoires, dont s'emparent quelques individus pour mettre la force du nombre au service de leurs propres intérêts ou de leurs
illusions.

*　*

*Un seul intérêt national, véritable intérêt
commun, justifie les sacrifices demandés aux
peuples et crée le devoir patriotique inéluctable devant quoi tout s'efface : c'est la
résistance à l'agression.*

*　*

La Belgique, seule, restera pour la postérité (si celle-ci ne retourne pas complètement à la barbarie) le vivant symbole du
pur patriotisme au XXᵉ siècle. Sa situation
et sa faible étendue l'avaient à peu près
préservée, pour son propre compte, des
aberrations du culte national. Elles ne l'ont
pas préservée des pires conséquences de
l'idolâtrie politique chez autrui. Ce con-
traste fait toute sa grandeur.

*　*

Le monde entier doit devenir, au point de vue de la politique internationale, une immense Belgique. Là est la seule chance de salut de la civilisation. Là serait la glorieuse compensation aux malheurs de la plus infortunée des nations.

VI

Le culte national s'appuie encore princi-
palement sur les conceptions surannées d'antagonisme, rajeunies par des théoriciens qui
n'ont rien compris à la doctrine de la lutte
pour la vie, et auxquelles se tiendront toujours les cerveaux bornés qui ne voient
jamais à la fois qu'un aspect des rapports
sociaux.

Il était le dernier refuge (et serait encore
le seul, si on ne lui avait suscité la concurrence du socialisme) de l'*esprit de monopole*,
banni par la Révolution des relations entre
individus et entre groupements d'une même
nation.

. . . .
. . . .
. . . .
. . . .
. . . .
. . . .
. . . .
. . . .
. . . .
. . . .
. . . .
. . . .
. . . .
. . . .
. . . .
. . . .
. . . .
. . . .
. . . .
. . . .

*
*   *

Toutes les institutions, nationales ou internationales, qui facilitent l'exercice des libertés individuelles à travers le monde, sont les seuls phénomènes d'organisation politique. Toutes les institutions qui limitent ces libertés, en les subordonnant à des abstractions, sont des manifestations de l'idolâtrie politique.

*
* *

Les trois dogmes principaux du culte national sont l'indépendance, l'honneur et l'intérêt vital des nations. Avec ces mots magiques, toutes les nations peuvent défendre tour à tour les causes les plus nobles et les convoitises les plus ignobles. C'est un talisman qui suffit à rendre blanc en deçà ce qui est noir au-delà, et à faire d'une seule et même chose la vérité ou le mensonge.

*
* *

Il n'y a pas d'indépendance des nations. La nation qui serait assez folle pour vouloir couper ses liens de dépendance avec l'extérieur irait tout droit à l'abîme.

*
* *

....
....

*
* *

Il n'y a d'autre intérêt vital des nations
que celui des individus : la sécurité. Le
culte national ne fait que la compromettre ;
seule, la politique réaliste internationale
peut l'assurer.

*
*

C'est par un habile accaparement moral
et intellectuel que, d'ailleurs semblables en
cela aux prêtres et aux docteurs de toutes
les Eglises, les intéressés au maintien du
culte national nationalisent toutes les grandes choses produites par les individus
appartenant à chaque nation.

*
* *

Que l'énergie et l'esprit d'entreprise soient
plus particulièrement répandus chez les individus appartenant à la nation anglaise,
l'enthousiasme et la générosité chez ceux de
France, la ténacité méthodique chez ceux

d'Allemagne, la grâce chez ceux d'Italie, le charme et la souplesse chez ceux des nations slaves, cela ne signifie pas qu'on puisse nationaliser ces qualités, pas plus que les défauts correspondants.

***

La variété des types individuels qui se rencontrent le plus fréquemment chez les différents peuples, la variété des œuvres économiques, intellectuelles, esthétiques ou morales qui ont surgi de ces caractères inégalement répartis sur la surface du globe, n'a pas pour objet, dans la civilisation universelle, de substituer aux réalités individuelles des entités collectives s'opposant les uns aux autres comme des dieux jaloux les uns des autres.

Cette variété est au contraire destinée à élever et élargir indéfiniment, par l'échange des produits et des services, les possibilités du type humain universel.

***

Les représentations qu'on peut, à bon droit emprunter, à la coïncidence plus ou moins fréquente de certains caractères individuels avec les origines nationales, n'ont qu'une valeur d'image ou de symbole. Sinon, il faudrait exclure de la nation les innombrables individus qui s'écartent du type représentatif, et qui, dépourvus de tout caractère marqué, ne formeraient plus qu'une masse internationale amorphe.

*
* *

Transporter dans le domaine politique les conceptions littéraires ou artistiques, voire même les observations scientifiques, qui découlent des caractères pseudo-nationaux, est un des procédés les plus néfastes de l'idolâtrie politique.

*
* *

Un pacifiste juridique a proposé de retirer aux nations le titre de *Puissances* pour les appeler des *Consciences*. Malgré ses bonnes intentions, cette formule n'est pas moins empreinte d'idolâtrie.

*
* *

Les nations ne doivent pas davantage être

adorées comme des personnes morales, comme des puissances de bien, de beau, de richesse, de vérité ou d'harmonie, que comme des puissances de force.

* *
*

Une nation est tout simplement un groupement, formé par l'évolution politique et limité par certaines frontières, pour l'administration des intérêts communs indivis et pour la défense de la sécurité contre les agressions possibles de groupement voisins.

L'exemple de la Suisse est l'illustration la plus irréfutable de cet axiome.

VI

Un des principaux dogmes qui guident la pratique du culte national, c'est que les nations, en tant qu'organismes politiques, ont besoin d'expansion. C'est le plus imbécile de tous. Par le libre échange des produits, des services et des idées, toutes les nations peuvent s'annexer réciproquement tous les éléments de prospérité et de grandeur qui manquent à chacune.

* *

Les Allemands croient qu'il était nécessaire de faire la guerre et d'étendre leurs frontières pour assurer l'expansion de leur

population débordante et le développement
de leur commerce. . . . .
. . . .
. . . .
. . . .
. . . .
. . . .
. . . .

Mais combien faudrait-il de temps pour
que la population de l'Allemagne atteignît
la densité de la naguère paisible Belgique,
et pour que son commerce extérieur atteignît le chiffre individuel de celui de la paisible Suisse ?

*
* *

*La guerre à coups de fusil et de canon
n'est pas la seule manifestation de l'hostilité
internationale. Le protectionnisme, auquel
toutes les nations ont sacrifié, est aussi une
forme de la guerre*, dont l'autre n'est que
l'aboutissant logique.

*
* *

Entre la croyance qu'on a le droit de
mettre des bornes à l'activité économique
des individus, sous prétexte qu'ils ne sont

pas soumis au même régime politique, et la croyance qu'on a le droit, sous le même prétexte, de les tuer ou de leur imposer un joug, il n'y a qu'une différence de hardiesse dans le mépris de la liberté humaine.

* *
*

L'Angleterre est sans contredit le pays le moins coupable d'avoir préparé par son idolâtrie au culte national la conflagration universelle. Elle n'a cherché des colonies et des sphères d'influence que pour y soustraire les libertés individuelles et locales à la tyrannie des autres cultes. Mais le jour où elle a trahi au moins un des principes de son immortel Cobden : « peace, free trace, *good will* amongst nations », où elle a admis tout au moins le protectionnisme sentimental avec le « *made in Germany* » elle a perdu le chemin de son idéal ; elle a fait le premier sacrifice à la superstition dont se meurt le monde.

* *
*

. . . .
. . . .

. . . .
. . . .
. . . .
. . . .
. . . .
. . . .
. . . .
. . . .
. . . .
. . . .
. . . .
. . . .

*
* *

. . . .
. . . .
. . . .
. . . .
. . . .
. . . .
. . . .
. . . .

*
* *

. . . .
. . . .
. . . .
. . . .
. . . .

. . . .
. . . .

* *
*

. . . .
. . . .
. . . .
. . . .
. . . .
. . . .
. . . .
. . . .
. . . .

Dès qu'une œuvre est produite, elle ne
vaut plus que par elle-même ; la personnalité de son auteur doit disparaître à nos
yeux, et le nom de celui-ci n'est plus qu'une
étiquette qui sert à la reconnaître.

VIII

Le culte national, comme tous les autres, trouve naturellement ses soutiens les plus exaltés parmi les individus qui, de près ou de loin, directement ou indirectement, consciemment ou inconsciemment, en tirent un bénéfice matériel ou moral, y puisent des satisfactions en harmonie avec leurs intérêts particuliers.

*
* *

Après les individus plus ou moins engagés dans son sacerdoce ou intéressés à le maintenir, le culte national recrute ses fidèles surtout parmi des hommes cultivés,

mais incapables, par nature ou à cause de
leur culture même, d'une compréhension
philosophique *directe* de la vie sociale universelle. Ceux-ci modèlent leurs conceptions sur les formules représentatives, formules traditionnelles, historiques ou littéraires, puisées dans leur savoir.

*
*   *

Auprès de cette catégorie, il faut placer
les imaginatifs, à qui la beauté et la dignité
du pur sentiment patriotique ne suffisent
pas, et qui parent les conceptions du culte
national de toutes les ressources de la littérature et de l'art. Mais l'art et la littérature
sont, le plus souvent, fiction : que les hommes se battent pour une prétendue vérité
qui se contredit d'un autre côté de la frontière, et la fiction apparait.

*
*   *

Enfin, ce culte, comme tous les autres encore, s'aide de la clameur des voix imitatrices, infiniment les plus nombreuses dans
l'humanité en mal d'expression d'elle-même,

qui s'en vont répétant des lieux communs et des phrases toutes faites.

*
* *

Il faut classer à part certaines dilettantti de la pensée, à qui l'inanité des cultes nationaux n'a pas échappé, et qui sont par leurs mœurs intellectuelles des citoyens du monde civilisé, mais dont le caractère et les aspirations n'égalent pas l'intelligence ; ceux-là trouvent plus facile et plus prudent de suivre de loin le courant des passions antagonistiques que de tâcher à le remonter.

*
* *

Ceux-là ne sont pas dupes de la sottise des guerres nationales, bien que peut-être l'horreur de ces hécatombes les touche moins que d'autres qui les croient encore inévitables. Mais comme la naiveté et l'incohérence des manifestations habituelles du pacifisme leur semblent inélégantes, ils ont inventé, pour justifier ou expliquer la guerre, l'inéluctabilité du « fait de force ».

*
* *

Le fait de force ne saurait être confondu avec le fait de destruction. L'homme le plus fort de l'humanité sera celui qui vaincra son anarchie politique et lui imposera l'ordre dans la liberté.

*   *
*   *

. . . .
. . . .
. . . .
. . . .
. . . .
. . . .
. . . .
. . . .
. . . .
. . . .
. . . .

*   *
*   *

Pour racheter la civilisation, il faudra que les ʾre-penseurs politiques joignent les foules avides de sécurité, et que se découvrent des hommes d'action, des hommes d'Etat nouveaux, qui, s'appuyant sur celles-ci et s'inspirant de ceux-là, rejetteront les oripeaux et abandonneront les dogmes et formules traditionnels des cultes nationaux.

IX

De l'universalité du phénomène cultuel, on pourrait être tenté de conclure que l'idolâtrie politique, comme tous les besoins de culte, est inhérente à la nature humaine et partant inéluctable. Je n'en crois rien.

*
*   *

Il est vrai qu'en immense majorité, les individus de tous les pays sont attachés au moins nominalement à quelque confession religieuse, dont ils cumulent les rites d'une manière plus ou moins zélée avec le culte national.

Mais la facilité avec laquelle ils subor-

donnent en temps de danger ceux-là à celui-ci, et en temps de sécurité celui-ci à
leurs intérêts personnels, prouve qu'il ne
tiennent très profondément ni à l'un ni aux
autres.

*
* *

Tous les cultes sont respectables, dans la
mesure où ils restent uniquement le symbole de *l'esprit religieux*. Ils cessent de l'être
lorsqu'ils tendent à faire d'eux-mêmes leurs
propre but. Ils deviennent détestables quand
ils veulent s'imposer comme but à quicon-
n'y a pas adhéré spontanément.

*
* *

L'esprit religieux *est la communion de
l'individuel avec l'idéal universel. L'esprit
cultuel est l'abdication de l'individuel devant
un idéal partiel. On peut pratiquer un culte
sans esprit cultuel, mais il est infiniment
plus fréquent qu'on le pratique sans esprit
religieux.*

*
* *

Qu'il le veuille ou non, qu'il soit ou non choqué de l'appellation, quiconque est imbu d'*esprit cultuel* est un idolâtre. Par son abdication devant un idéal partiel, même juste et noble à certains égards, il érige une idole dans le libre ciel de tous. Il s'engage inconsciemment, si on le laisse aller sans entraves, sur le chemin de l'intolérance et de la tyrannie.

* *

En réalité, tous les cultes ecclésiastiques sont des formes plus ou moins avérées d'idolâtrie, qui procèdent d'une déformation de l'idéal religieux naturel aux hommes, exactement au même titre que l'idolâtrie politique et le culte national procèdent d'une déformation de l'idée naturelle de patrie.

* *

L'élite pensante d'une part, la masse laborieuse et ignorante de l'autre, sont les catégories humaines qui échappent le plus facilement à l'idolâtrie et se passent le plus

volontiers de tout culte : la première parce
qu'elle en a sondé en esprit les vanités, la
seconde parce que le réalisme brutal de la
vie lui en fait perpétuellement toucher du
doigt l'inanité.

*
* *

Il en est à ce point de vue du culte national comme de tous les autres. Les esprits
libres et les simples d'esprit sont ceux qui,
dans la guerre actuelle, se battent inspirés
par le plus pur instinct de conservation du
patrimoine commun, hors de toute passion
et de tout fanatisme.

*
* *

Le fait que, devant le danger et la pers-
pective de la mort, le peuple soldat retourne
volontiers aux pratiques du culte religieux
de son enfance, n'infirme pas davantage son
aptitude à échapper à l'idolâtrie, que son
dévouement au drapeau, qui lui est repré-
senté dans tous les camps comme l'obéissan-
ce au devoir civique de défense, n'infirme
son indifférence naturelle au culte national.
Il est mû directement, dans un cas, par le

sentiment de l'idéal ; dans l'autre, par le sentiment de l'attachement au sol : sentiments que les cultes ecclésiastiques ou nationaux déforment en prétendant les servir, mais qu'il identifie néanmoins avec les rites religieux et les cérémonies patriotiques, parce qu'il n'en connaît pas d'autre manifestation.

*
* *

. . . .
. . . .
. . . .
. . . .
. . . .
. . . .
. . . .
. . . .
. . . .

*
* *

Le manifeste des 93 intellectuels allemands, le pangermanisme doctrinal que
nos propres intellectuels rivalisent d'activité pour découvrir dans l'œuvre des philosophes et des juristes allemands depuis
un siècle, ne prouvent pas autant comme on
l'imagine la soif de domination du peuple
allemand. C'est simplement l'indice que le
culte national, plus spontané et sentimental
chez les Français, plus pratique et plus cons-
cient de la valeur individualiste des institutions chez les Anglais, s'est fait en Allemagne, l'esprit de lourdeur aidant, plus dogma-
tique, et qu'il y a trouvé ses *théologiens*.

*
* *

Si, par la collaboration d'hommes d'Etat d'une envergure adéquate aux nécessités de la civilisation, des penseurs de la philosophie politique, et des masses indifférentes à l'idolâtrie politique, l'organisation politique du monde s'orientait dans le sens de l'agnosticisme au culte national, on verrait immédiatement l'opinion publique se manifester dans le même sens.

*
*   *

Les foules imitatrices, qui répètent gravement, sans se soucier de contradictions perpétuelles, les lieux communs, les demi-vérités et les sophismes traditionnels des cultes nationaux, apprendraient aussi facilement, et les feraient circuler avec autant de conviction, les axiomes d'une philosophie politique fondée sur les réalités universelles et harmoniques de la vie civilisée.

*
*   *

Que deviendrait le culte politique, s'il voyait se soulever contre lui les quatre éléments qui viennent d'être énumérés, et s'il n'avait plus pour le défendre que ses parasites et ses théoriciens ?

*
* *

Le caractère cultuel des antagonismes nationaux laisse à la civilisation un espoir : c'est que la réaction contre la barbarie qu'il entretient peut être plus soudaine, plus inattendue et plus radicale qu'on n'oserait l'attendre de l'aveuglement où il plonge les hommes. Aucune révolution n'est plus irrésistible qu'une révolution religieuse. Aucune contagion n'est plus grande que celle de l'émancipation des faux dieux, et ceux-ci sont-ci sont d'autant plus rapidement brisés qu'ils ont été passionnément adorés. Qui sait si l'affranchissement du culte national ne viendra pas justement de cette Allemagne où il est le plus en honneur ?

X

On peut expliquer facilement l'insuffisance directrice de la politique du monde par
la grossièreté des rites assurant la sélection.
La transmission héréditaire et le suffrage
des foules sont également incapables de con-
férer le pouvoir au plus apte.

* * *

*Ce qu'on appelle l'opinion publique, c'est
une moyenne entre les contradictions des
opinions divergentes et les engouements pas-
sagers des foules sans qualité pour émettre
une opinion quelconque. Tel est le dieu incohérent que l'idolâtrie politique, sous sa for-*

*me moderne et libérale ou démocratique,
prétend asseoir au sommet de son Olympe.*

* * *

Le despotisme de droit divin est sans
aucun doute un dieu plus redoutable pour
les libertés individuelles que l'opinion publique, qui subit l'influence des besoin de tous.

Il est plus dangereux aussi pour l'ordre et
la sécurité, c'est-à-dire pour les conditions
essentielles de la civilisation, s'il est exercé
par des despotes imbus du culte national.

Mais il peut l'être, à ce point de vue, moins
que l'opinion publique instable et incohé-
rente, si le despote échappe à l'idolâtrie
politique et s'il songe surtout aux avantages
personnels du pouvoir dans la paix.

* * *

Tout homme au pouvoir, s'il doit compter
avec les traditions ou avec les préjugés qui
l'y ont porté, sera toujours incapable d'accomplir la révolution politique qu'exigerait
notre siècle. L'homme d'Etat qui donnera
au monde sa charte nouvelle devra conqué-
rir le pouvoir par son seul ascendant, ou

conserver à travers les compromissions assez
de force et de personnalité pour bousculer
les marchepieds qui lui auront servi à s'élever. Il y faudrait presque un miracle. Mais
tous les grands mouvements de l'histoire ne
sont-ils pas quasi miraculeux ?

*
* *

*Il faut aux nations leur nuit du 4 août. Il
faut que toutes abjurent le culte national et
qu'elles abdiquent, au nom de l'humanité
civilisée qu'elles prétendent former, les privilèges illusoires qu'elles ont passé leur histoire à tenter de s'arracher les unes aux
autres.*

*
* *

Les privilèges que les nations croient pouvoir s'attribuer comme le fruit de leur politique antagonistique ne sont que des spoliations au détriment de toutes et de tous les
individus qui les composent, spoliations dont
seuls tirent quelque avantage leurs éléments
les moins recommandables.

*
* *

Les prêtres et les fidèles du culte national,
même lorsqu'ils ne sont pas les agresseurs,
sont incapables de concevoir la réparation
des maux de la guerre autrement que sous
la forme d'agrandissements territoriaux Cha-
dieu politique ne peut prouver sa force et
sa grandeur qu'en soustrayant de la subs-
tance à ses voisins. Ainsi l'idolâtrie politique
entretient indéfiniment le germe de la guerre, même lorsqu'elle prétend présider à l'établissement de justes conditions de paix.

*
* *

*Nous condamnons chez les gouvernants et
chez le peuple allemand le rêve de domination universelle. Cela ne suffit pas: il faut
bannir chez nous-mêmes et chez tous les peuples ce désir même de dominer collective-
ment, qui est le fondement de l'idolâtrie
politique. Il ne suffit pas de dire : « L'Allemagne ne doit pas être la plus grande de
toutes les nations » ; mais aussi « aucune
nation ne dépasse et ne doit désirer dé-
passer les autres ».*

*
* *

Honorer la petite Belgique parce qu'elle a été héroïque, c'est bien. Souhaiter que la nation à laquelle on appartient ne soit grande que de la grandeur des individus de son élite, rester indifférent à son prestige politique, à l'étendue de son territoire et au nombre de ses habitants, en un mot ne jamais oublier qu'un libre et prospère citoyen de la petite Belgique, de la petite Suisse, du petit Danemark, valait hier et vaudra demain un citoyen, chargé d'impôts et d'entraves, des « grandes puissances », c'est mieux.

*
* *

Les meilleures volontés resteront toujours impuissantes à lutter efficacement contre l'anarchie internationale, à moins de fonder leur action sur la compréhension du caractère idolâtrique des préjugés qui séparent les peuples.

*
* *

Le pacifisme juridique, comme le pacifisme sentimental, ont fait fausse route. Si

l'humanité et le droit priment la force, ni l'une ni l'autre ne peuvent rien sans elle. On ne peut renoncer à la contrainte. *Le politique problème international, ...*
. . . . comme les problèmes politiques nationaux, consiste uniquement à se saisir de la force afin de la limiter, et à centraliser l'emploi de la contrainte suprême contre toutes les tentatives individuelles ou collectives de contraintes partielles.

* *

Beaucoup de bons esprits ont déjà pris une conscience plus ou moins nette du véritable problème politique . . . .
. . . . . . Mais ils mettent la charrue avant les bœufs, lorsqu'ils se préoccupent d'établir les *institutions* politiques *internationales* avant que soit suffisamment répandu l'*esprit politique* . . . . Or, celui-ci ne s'établira définitivement que sur les ruines de l'idolâtrie politique.

* *

De même que les guerres de religion furent alimentées par l'esprit politique mis au service du sentiment d'adoration, les guerres nationales sont entretenues par le sentiment d'adoration mis au service de l'esprit politique.

*

Les guerres de religion, qui, plus implacables que toutes les autres, eussent depuis longtemps conduit l'humanité à sa ruine, ont disparu lorsque les hommes d'Etat comprirent qu'il fallait soustraire la liberté individuelle à la concurrence tyranique des cultes ecclésiastiques. *Les guerres ne pourront être supprimées, et la civilisation sauvée, que si l'on s'élève au-dessus de l'idolâtrie politique, afin de garantir les individus contre la concurrence tyrannique des cultes nationaux.*

XI

Pourquoi chercher dans des considérations
de race ce qui, tout naturellement, s'expli-
que par les circonstances de l'idolâtrie politique, par l'intensité plus ou moins grande
de l'attachement au culte national chez les
diverses nations ?

*
* *

Les représentations littéraires, aussi bien
que les divagations ethno-sociologiques fon-
dées sur quelques observations scientifiques
d'une portée relative, et généralisées par des
savants à idée fixe, ont aujourd'hui beau jeu.
Elles s'accordent avec la passion et la nai-

veté populaires qui tendent inévitablement à faire de la nation avec laquelle on est en guerre une catégorie d'individus entièrement différents de soi-même.

***

Comment concilie-t-on la thèse de la barbarie ethnique des Allemands avec la germanophobie de certains éléments des pays neutres ? Ni les carlistes espagnols, ni les catholiques irlandais d'Amérique, ni tant d'autres, n'ont une origine teutonne. Dans le déchaînement des passions soulevées par la guerre, outre les entraînements de l'esprit grégaire, les parti-pris étroits et aveugles et les rancunes particulières jouent un rôle qui est la négation des grandes théories sur la fatalité des conflits internationaux.

***

La ferveur et l'activité des cultes nationaux sont sans aucun doute influencées jusqu'à un certain point, mais nullement nécessitées, par les caractères individuels les plus habituellement répandus dans chaque peuple. Elles le sont dans une mesure infini-

ment moindre que l'adhésion universelle à
la politique réaliste internationale ne le
serait par les caractères individuels communs à tous les peuples, si l'on abolissait
l'idolâtrie politique.

* *

De même que l'esprit de lourdeur a fait
des Allemands les adorateurs les plus déter-
minés de l'idole nationale, puis les premiers
agresseurs dans l'impasse où la politique antagonistique avait acculé les peuples, de même
il fallait s'attendre à ce que, une fois en état
de guerre, ils appliquassent plus volontiers
les pratiques les plus abominables de la
guerre.

* *

La facilité avec laquelle les maîtres politiques et intellectuels de l'Allemagne ont pétri
le peuple allemand et lui ont inoculé le
virus d'orgueil collectif puisé dans le culte
national, prouve tout simplement ce que
l'on connaissait surabondamment: l'esprit de
discipline et la réceptivité imitative du plus
grand nombre des Allemands.

*
* *

Qu'on donne à l'Allemagne des maîtres politiques et intellectuels inspirés de l'esprit international, et il ne faudra pas s'étonner de voir bientôt les Allemands devenir les soutiens les plus solides de la paix du monde.

*
* *

A qui fera-t-on croire que le Gouvernement allemand se serait dès le premier jour donné tant de peine pour prouver qu'il n'est pas l'agresseur, et qu'il défend simplement la patrie menacée, si les masses allemandes mettaient vraiment l'idée de domination au-dessus du besoin de paix ?

*
* *

La force principale de l'Allemagne vient de sa centralisation politique et de sa décentralisation administrative, économique et intellectuelle.

*
* *

Les Prussiens, les Saxons, les Bavarois, les Hambourgeois, et tous les autres peuples allemands de l'Empire, sont e .tachés à l'Empire perce qu'il leur donne à tous le sentiment de la force et de la sécurité sans opprimer aucun d'eux. . . . .

. . . .

. . . l'esprit de conquête et d'oppression à l'égard des peuples d'origine différente ; retirez-lui l'exaltation cultuelle nationale qui se superpose au sentiment de sa puissante organisation, et elle ne sera après tout que l'image de ce que devrait être *politiquement* le monde.

*
* *

. . . .
. . . .
. . . .
. . . .
. . . .
. . . .
. . . .
. . . .

* *

* * *

L'Allemagne et sa complice l'Autriche sont responsables de la plus grande catastrophe jusqu'ici déchaînée par des hommes sur l'humanité.

....
....
....
....
....
....

* * *

Les élucubrations de Bernhardi, Frobenius et autres, les gestes du Kronprinz, prouvent surabondamment la volonté d'agression de la caste militaire qui a entraîné l'Allemagne à déchainer la guerre, mais aussi quelle eut été leur impuissance en face d'une organisation anti-belliciste du monde. Leur doctrine cynique, que « l'Allemagne devait brouiller les cartes pour forcer les autres nations à l'attaquer », condamne la politique agressive, mais encore davantage la politique qui réserve aux nations le droit de guerre.

*
* *

. . . .
. . . .
. . . .
. . . .
. . . .
. . . .
. . . .
. . . .
. . . .
. . . .
. . . .

Une entente réaliste de l'Angleterre, de la
France et de l'Allemagne pour l'organisation
pacifique de l'Europe, et de ces nations avec
les Etats-Unis pour l'organisation pacifique
du monde, eut sans doute évité le cataclysme dans lequel nous a plongés la politique traditionnelle d'équilibre instable fondée
sur les alliances de *dieux* politiques. Elle
eut sauvé la civilisation.

XII

Les manifestations finales du culte national à l'égard des hérétiques se résument à trois : la mort, la ruine ou la tyrannie.

* *
* *

Les annexions non consenties sont une manifestation de l'intolérance cultuelle nationale sous sa forme *tyrannie ;* elles se soutiennent par des procédés tyranniques. Il est absurde de vouloir y rémédier par la guerre, qui fait appel aux formes les plus brutales et malignes de l'intolérance nationale, *la mort* et *la ruine.*

*

A la suite des dernières convulsions de la conception politique de conquête, dont tous les conducteurs de peuples dans le passé avaient fait le but principal de leur activité, quelques millions d'individus vivaient encore en Europe, depuis au moins un demi siècle, sous un régime national qui n'a pas leurs préférences. Ils se sont résignés, cependant, à cette tyrannie, pour échapper à la ruine ōu à la mort.

Tel est le problème que les conducteurs de peuples dans le présent, malgré leurs affirmations que la paix était le bien suprême des peuples, n'ont pu résoudre sans laisser mettre l'Europe à feu et à sang, sans sacrifier plusieurs millions d'hommes choisis parmi la fleur de sa jeunesse, sans accumuler des ruines qui équivalent pour chaque nation à la perte de plusieurs provinces, sans ouvrir la boîte de Pandore de toutes les convoitises territoriales qu'on croyait définitivement écartées de la politique européenne !

*

Par la violation de la Belgique et l'occupation des provinces françaises du Nord, les Allemands ont posé la question de l'Alsace-Lorraine même devant ceux qui pensaient déraisonnable de suspendre à cette question la marche de la civilisation. En revendiquant au XXᵉ siècle le monstrueux droit de conquête, ils ont effacé la prescription que dans l'intérêt universel on pouvait accorder aux crimes nationaux des siècles passés. Ainsi comprend-on que la réintégration de l'Alsace-Lorraine en deça des frontières françaises apparaisse aux Alliés comme une des conséquences nécessaires de leur victoire.

*
*   *

. . . .
. . . .
. . . .
. . . .
. . . .
. . . .
. . . .
. . . .
. . . .
. . . .
. . . .
. . . .

Simplement parce que les nécessités de la
civilisation imposent pratiquement aux peuples une certaine soumission à la politique
réaliste, seule compatible avec leurs véritables
besoins, et seule susceptible de faire disparaître dans l'avenir les traces des méfaits
politiques du passé ; tandis qu'ils restent en
théorie, et sur d'autres points dans la pratique, attachés aux superstitions de l'idolâtrie
politique destinées à engendrer indéfiniment
les mêmes méfaits.

*
*   *

La conquête est une pratique barbare. Un monde qui a renoncé à l'esclavage et au servage, qui a adopté presque universellement le régime des garanties politiques individuelles, ne peut admettre sans régression que des individus soient assujettis par la violence à un changement de nationalité, sous peine de devoir abandonner leur patrie et de sacrifier les intérêts matériels et moraux qu'ils y attachent. Mais prétendre venger la conquête par la violence, dont elle est le fruit, est une pure aberration.

*
* *

. . . .
. . . .
. . . .
. . . .
. . . .
. . . .
. . . .
. . . .
. . . .
. . . .

*
* *

Que chaque individu puisse, sans être obligé d'abandonner son lieu d'origine, ses mœurs, ses traditions et sa langue, revendiquer la nationalité qui lui convient, tel est le principe des nationalités qu'une saine philosophie politique oppose au principe idolâtre des annexions.

* * *

Un seul procédé peut résoudre les innombrables et interminables difficultés auxquelles donne naissance le principe des nationalités : c'est l'abolition, par l'organisation mondiale de la sécurité, de toutes les oppressions imposées aux individus au nom des cultes nationaux.

* * *

Pour s'être hypnotisés sur le souvenir des défaites dont leur culte national particulier a subi l'humiliation, et sur la contemplation de la tyrannie qui en est résultée pour une partie d'entre eux, les Français ont négligé la seule politique civilisatrice dont la clairvoyance de leur génie eut dû faire d'eux les initiateurs.

*
* *

. . . .
. . . .
. . . .
. . . .
. . . .
. . . .
. . . .
. . . .
. . . .
. . . .
. . . .
. . . .
. . . .
. . . .
. . . .

*
* *

On s'aperçoit aujourd'hui qu'on ne transige pas entre la civilisation et l'idolâtrie politique. Il faut, à celle-ci, celle-là pour victime, et les incendies qu'on lui permet d'allumer ne peuvent se circonscrire.

*
* *

La libération complète de la Belgique et

tous dédommagements possibles à ses souf-
frances et à ses ruines, le retour de l'Alsace-
Lorraine à la France en compensation de
l'occupation temporaire des provinces du Nord
sont des sanctions nécessaires à l'agression
allemande. Ce ne sont nullement des garanties pour la civilisation. Les hommes d'Etat
qui se contenteraient d'accomplir cette partie
préliminaire de leur tâche n'auraient aucune
idée de la grandeur de celle-ci.

*
* *

Les nouveaux cadres politiques, dans les-
quels on pourra faire rentrer les divers groupements ethniques et historiques dénatura-
lisés par les guerres du passé, sont d'une
importance bien secondaire, auprès du sta-
tut politique dont jouiront les individus fai-
sant partie de ces groupes.

*
* *

Ce qui importe, comme conclusion à la
guerre, ce n'est pas le remaniement des cartes politiques ; ce n'est la répartition nouvelle,
ni des parasites de chaque culte national,
ni de ses fidèles volontaires, ni de ceux qui

seront appelés à l'entretenir de plus ou
moins bonne grâce. C'est l'établissement,
pour la civilisation, des garanties que l'idolâtrie politique s'est montrée impuissante à
lui fournir.

XIII

Les gouvernements alliés protestent de leur volonté d'écraser le militarisme allemand pour assurer la paix du monde. C'est fort bien. Mais le monde aimerait connaitre par quels procédés, une fois le militarisme allemand vaincu, ils se proposent de l'empêcher de renaître..... en Allemagne et ailleurs.

L'Allemagne poursuit, par tous les moyens, un but monstrueux, rétrograde, imbécile : la domination du monde par l'expansion politique et militaire. Elle a cette force de savoir ce qu'elle veut dans l'avenir comme dans le présent immédiat.

Ses adversaires, au contraire, ne puisent leur force, heureusement rendue au moins égale par la loi des réactions, que dans la connaissance du but allemand, auxquels ils sont résolus à résister jusqu'au dernier souffle. Leur faiblesse est de ne savoir que vaguement ce qu'ils veulent pour l'avenir.

* *

Qu'eut dit et fait l'Allemagne, si la France et l'Angleterre lui avaient proposé, non par la voie diplomatique secrète, mais aux applaudissements publics de tous les peuples altérés de paix durable, de collaborer ensemble à la pacification du monde, par l'union pour le libre échange et pour la défense commune contre les agressions du dehors et les excitations malsaines du dedans ?

* *

Qu'eut dit et fait l'Allemagne, si, ayant décliné cette proposition, elle avait vu la France et l'Angleterre se retourner vers tous les autres peuples civilisés et leur demander de faire sans l'Allemagne ce qui n'avait pu se faire par et avec elle ?

Rien de pire, sans doute, que ce qu'elle vient de faire !

La lutte engagée entre les Alliés et les Empires du centre représente la civilisation et la barbarie aux prises, c'est entendu. Dans une mesure relative, rien n'est plus vrai. Il ne faudrait cependant pas abuser de la métaphore. En réalité, il s'agit de savoir si la civilisation matérielle, intellectuelle et morale sera soumise à la subordination d'un culte politique logique dans la barbarie de ses conceptions primitives, ou si elle sera abandonnée au contrôle incohérent de cultes politiques concurrents, mitigés d'aspirations libérales, mais impuissants à les réaliser. Un moindre mal n'est pas le bien.

Vouloir enfermer le jugement des neutres dans la nécessité de se prononcer, entre les belligérants, pour la barbarie ou pour la civilisation, est un dilemne un peu excessif et un peu insultant. Chacun doit conserver le droit de penser que nous et nos alliés ne sommes pas exclusivement des anges, que nos ennemis ne sont pas exclusivement des démons.

*
* *

On ne conçoit pas que, parmi les neutres, aucun esprit libre, claivoyant et décidé puisse approuver l'agression contre la Serbie, ni le viol de la Belgique qui sont à l'origine du monstrueux conflit. On doit admettre toutefois qu'il peut exister, sans qu'ils appartiennent nécessairement à des lâches ou à des barbares, des esprits prévenus, myopes et hésitants, pour qui les ténèbres de la diplomatie des églises nationales soient un motif sincère au refus de se prononcer.

*
* *

Dans la passivité des neutres devant les crimes attentatoires aux droits international, ce ne sont pas les peuples qu'il faut blâmer, ce sont les gouvernements. Elle prouve qu'*aucune nation n'échappe à l'exploitation du culte national, qui met la quiétude de son église particulière au-dessus de la civilisation et de l'humanité.*

La conception de la guerre comme conséquence fatale de l'antagonisme des races n'exige pas de long' *réfutations théoriques. L'existence des États-Unis d'Amérique, confédération politique qui met à l'abri des conflits la civilisation sur une étendue égale à celle de l'Europe, et qui préside à la coopération de millions d'individus d'origines les plus diverses, y apporte le démenti le plus formel.*

Le soutien sentimental donné par les germano-américains à leurs fréres d'origine est une bien faible et anodine manifestation de l'esprit de race, auprès de la justification qu'apportent, à la politique réaliste de paix et de liberté, leur abandon de la mère-patrie et des rites essentiels du culte national, et leur incorporation à la collectivité politique dont les principes en sont les plus éloignés

*
* *

Les institutions des Etats-Unis n'excluent
pas, il est vrai le culte national ; là comme
ailleurs trop de parasites ont intérêt à l'entretenir. Mais il s'y superpose à la vie des
individus, beaucoup plus qu'il ne la domine
et ne la dirige.

XIV

Le *principe des nationalités*, que les Alliés donnent comme base à leur action contre les empires du centre, est un principe infiniment trop vague pour pouvoir servir de fondement solide à une paix mondiale durable.

*
* *

. . . .
. . . .
. . . .
. . . .
. . . .
. . . .
. . . .

. . . .
. . . .
. . . .
. . . .
. . . .
. . . .
. . . .
. . . .
. . . .
. . . .
. . . .
. . . .
. . . .
. . . .
. . . .
. . . .
. . . .
. . . .
. . . .
. . . .
. . . .
. . . .

Pour n'avoir pas su s'entendre dans la tutelle des jeunes nations échappées au joug ottoman, et sur le régime à imposer au Turc incapable, les « grandes puissances » voient aujourd'hui leur sort menacé par les décisions de ces enfants terribles de l'Europe : les « Grandes Impuissances », écrira l'historien impartial de notre siècle !

* *
*

La Grèce s'est battue avec la Bulgarie pour s'annexer la Macédoine et faire rentrer dans le giron national des frères opprimés de cette région. Or, nous apprirent les journaux, ce sont les frères annexés qui ont voté avec le plus grand ensemble contre la politique nationale de M Venizelos.......

Exemple entre mille des incohérences et des contradictions dont fourmille la politique fondée sur les formules du culte national.

* *
*

. . . .
. . . .
. . . .
. . . .
. . . .
. . . .
. . . .
. . . .
. . . .
. . . .
. . . .

* *
*

Le problème balkanique, que les hommes d'Etat et les diplomates européens ont écarté pendant trente ans pour arriver à se laisser dominer par lui, consistait uniquement à faire disparaître de la péninsule balkanique la tyrannie turque. Peu importait que tel ou tel souverain d'origine étrangère eut plus ou moins de sujets grecs, serbes, bulgares ou roumains, que plus ou moins d'électeurs eussent à voter pour M. X....itch, M. X. . co, M. X....of ou M. X....os.

Le droit de parler leur langue et de pratiquer leur religion, de n'être pas pressurés par des fonctionnaires parasites, d'échanger librement leurs produits entre eux et avec tous les pays étrangers quels qu'ils fussent, voilà ce qui eut fait le bonheur et la prospérité des habitants de la péninsule balkanique, et avec eux de tous les Européens.

Nos hommes d'Etat ont préféré les abandonner à l'exploitation concurrente des cultes nationaux. Comment eussent-ils agi autrement, puisqu'ils ne savaient pas abolir l'idolâtrie politique dars leur propre pays ?

La civilisation ne sera pas sauvega dee tant que les pays les plus riches en éléments civilisés conserveront un tarif protectionniste, une armée indépendante de la police internationale, une forteresse, une fabrique d'armes et de munitions.

Dans l'ordre politique nouveau purgé d'idolâtrie politique, non seulement l'échange sera entièrement libre entre les citoyens de toutes les nations, non seulement les instruments de la force seront entre les mains de la confédération des nations, mais les tentatives individuelles pour troubler cet ordre seront impitoyablement réprimées.

L'abolition de l'idolâtrie politique obligatoire n'impliquera nullement la nécessité du renoncement individuel aux cultes nationaux. La liberté religieuse n'a privé d'Egli-

ses, en aucun pays, ceux qui en éprouvent
le besoin.

*
*   *

Parce que les nations se fondraient, au
point de vue de l'échange, de la paix et de
la guerre, dans l'intei-nation, rien n'empê-
cherait les individus de révérer les têtes cou-
ronnées, magistrats élus, drapeaux et autres
emblèmes que bon leur semblerait. Il leur
serait simplement interdit de faire de l'objet
de leur culte un danger pour eux-mêmes et
pour autrui.

*
*   *

*L'alliance politique d'une partie de l'Euro-
pe contre l'autre, la mise en commun des
plus formidables ressources défensives, militaires et financières, prouvent avec une éclatante clarté la possibilité matérielle d'unifier
dans le monde les institutions de sécurité.*

*
*   *

*Si ses dirigeants se refusent à admettre
cette évidence, malheur à l'humanité.*

La certitude de la faillite définitive de la civilisation sera en raison directe de la tendance des gouvernements et des peuples à prêter aux conditions inéluctables de la sécurité universelle un caractère utopique.

Des cathédrales détruites ; des villages incendiés ; des femmes violées ; des enfants massacrés ; des civils assassinés et captifs : ce sont là les atrocités allemandes, horreur évitable qu'il faut venger et punir.

Nos enfants agonisant, dans un angoissant appel à leur mère, sur les champs de bataille ; leurs cadavres piétinés et pourrissant dans la boue ; les beaux adolescents mutilés que nous croisons à chaque pas ; les veuves et les orphelins abimés dans les larmes : ce n'est que la guerre, tristessse inévitable et glorieuse.

Certes, de celle-ci on nous laisse le droit de souffrir ; mais on nous offre la compensation de savoir que chez nos ennemis, c'est semblable : même nous devons nous réjouir à la pensée que c'est pire.

. . . .
. . . .
. . . .

. . . .
. . . .

Seulement, ceux-ci ne sont à aucun degré responsables des désharmonies de la nature qu'ils tentent de soulager, tandis qu'il dépend de ceux-là d'abolir les préjugés au nom de quoi les hommes s'entre-déchirent........

CONCLUSION

———

O 'vous, hommes civilisés, paisibles époux, tendres pères, jeunes gens à l'aurore de la vie épris de beauté et de sagesse, que cette guerre infâme et monstrueuse a transformés en sauvages, rués, le couteau aux dents, à l'étripement les uns des autres, un jour viendra, si vous échappez au carnage, où vous vous prendrez la tête à deux mains, défaillants d'horreur au souvenir de ce que l'on a fait de vous, et où vous direz : « Fut-il possible ! »

Souvenez vous alors que vous avez dû faire cela pour de faux dieux, sur un signe du plus obtus et du plus féroce d'entre eux.

Celui-là d'abord, mettons en ce vœu toute notre âme et toute notre vie, vous l'abattrez.

Mais vos sacrifices auront été vains, si vous permettez que, de ses débris, l'on dresse aux autres de nouveaux autels.

La civilisation, aujourd'hui, fait tout crédit à leurs prêtres, devenus pour un jour ce qu'ils n'auraient jamais dû cesser d'être exclusivement, les organisateurs de la sécurité. Il faut que demain, sous peine de disparaître, elle leur interdise le retour au culte des idoles.

Mais qui pourra demain, à l'heure de la paix, accomplir la grande Réforme, si aujourd'hui, dans le désarroi de la lutte, personne ne songe à s'y préparer.....?

———

www.ingramcontent.com/pod-product-compliance
Lightning Source LLC
Chambersburg PA
CBHW052039270326
41931CB00012B/2554